RODERIC ET CUNÉGONDE,

OU

L'HERMITE DE MONTMARTRE,

OU

LA FORTERESSE DE MOULINOS,

OU

LE REVENANT DE LA GALERIE DE L'OUEST,

Galimathias burlesco-mélo-patho-dramatique,

EN QUATRE ACTES SANS ENTR'ACTES,

Orné de costumes analogues, soutenu par quatre changemens de décors, lardé de combats et d'enlèvemens, enjolivé de cavernes et de voleurs, égayé par un fantôme et réchauffé par un incendie.

PAR M. MARTAINVILLE.

Auteur de la Banqueroute du Savetier, etc. etc.

Représenté, pour la première fois, sur le théâtre de la Gaieté, le 11 thermidor an XIII.

SECONDE ÉDITION.

A PARIS,

Chez BARBA, Libraire, palais du Tribunat, derrière le Théâtre Français, n°. 51.

AN XIV. (1805.)

PERSONNAGES.	ACTEURS.
Le comte CHILDEBRAND, sous l'habit d'Hermite.	M. *Rivi*[illegible]
Le chevalier RODERIC, neveu de Childebrand.	M. *Marty*.
CUNÉGONDE, fille de Childebrand, épouse secrette de Roderic.	Mlle. *Ri*[illegible]*t*.
SACRIPANDOS, tyran.	M. *Cammaille*.
MALINOT, écuyer de Roderic.	M. *Fré*[illegible]
DÉTROUSSANDO, chef de Brigands.	M. *Ré*[illegible]
TROIS BRIGANDS parlant.	
Le petit COLAS, jeune villageois.	
Un vieux villageois.	
Le petit RODERIC, fils de Roderic et de Cunégonde.	
Troupe de Villageois. } *Personnages muets.*	
Gardes et Soldats. }	

La scène est aux environs de Montmartre.

Nota. Il est impossible de jouer cette plaisanserie, sans la partition de M. Taix, maître de musique au théâtre de la Gaieté.

Extrait du Journal de Paris, du 19 thermidor an 13.

Le *Turc de la Rue Saint-Denis*, qu'on donnait avant-hier au théâtre de la Montansier, est une comédie en un acte et en prose, où ne jouent Brunet, ni Tiercelin; et c'est là le plus grand défaut de cette pièce. L'idée principale n'en est pas neuve; mais la marche de l'action est raisonnable, les scènes bien conduites, le dialogue facile et spirituel; beaucoup de mots heureux, mais peu de calembourgs et de grosses plaisanteries: c'est encore là un défaut. Quoiqu'il en soit l'ouvrage a été vu avec plaisir; il est de M. *Martainvile*, jeune auteur déjà connu avantageusement par plusieurs pièces pleine de gaieté, et tout récemment par *Roderic* et *Cunégonde*, parodie de tous les mélodrames du jour, qui se joue avec grand succès au théâtre de la Gaieté.

PROLOGUE

DE RODERIC ET CUNÉGONDE.

SCENE PREMIERE.

M. L'ETOFFÉ, *entrant seul, avec colère.*

Ou est le Directeur ? je vais lui parler, moi !... c'est une chose inouie... Tourner les mélodrames en ridicule ! Ah ! nous verrons : où est le Directeur ?

SCENE II.

M. L'ETOFFÉ, LE DIRECTEUR.

LE DIRECTEUR.

Me voici, monsieur, me voici ; qu'y a-t-il pour votre service ?

L'ÉTOFFÉ.

Monsieur, je m'appelle l'Étoffé, gros marchand de drap, dans la rue St.-Denis.

LE DIRECTEUR.

J'en suis charmé.

L'ÉTOFFÉ.

Et de plus, grand partisan des mélodrames.

LE DIRECTEUR.

Et par conséquent un de mes habitués.

L'ÉTOFFÉ.

Vous l'avez dit. Ma famille et moi ne manquons pas un mélodrame, et ces pièces font sur nous une si vive impression, que je me suis fait faire une robe d'hermite et un habit de chevalier ; ma femme n'ose plus descendre à la cave, de peur que je ne l'y enferme à jamais ; ma fille rêve toujours qu'on va l'enlever, et mes garçons de boutique exécutent des combats avec leurs demi-aunes.

LE DIRECTEUR, *bas.*

Pour le coup, c'est bien la famille extravagante !

L'ÉTOFFÉ.

Jugez par-là de ma passion pour les mélodrames, et de ma colère contre la pièce que vous annoncez pour ce soir. C'est vous qui l'avez reçue ?

LE DIRECTEUR.

Oui, monsieur.

L'ÉTOFFÉ.

Et l'avez-vous lue ?

LE DIRECTEUR, *à part.*

La question est drôle ! (*haut.*) Oui, monsieur : je lis souvent des pièces sans les recevoir ; mais je n'en reçois jamais sans les lire.

L'ÉTOFFÉ.

Eh bien, vous n'en êtes que plus coupable. Comment, monsieur, vous dont le théâtre est particulièrement consacré au sublime genre du mélodrame, vous souffrez qu'on les y tourne en ridicule ? vous ternissez vous-même le plus beau fleuron de votre couronne !

LE DIRECTEUR.

Mais, monsieur, qui vous a dit que la pièce nouvelle ridiculisât le mélodrame ?

L'ÉTOFFÉ.

Eh ! parbleu, le titre, monsieur, le titre qui est un chef-d'œuvre d'impertinences. Vous voulez donc chasser de votre théâtre toutes les personnes de goût ?

LE DIRECTEUR.

Au contraire, monsieur, mais vous savez que mon désir et mon but doivent être de plaire, autant que possible, à tout le monde, et je vous avoue que, si je suis flatté d'attirer à mon théâtre ceux qui aiment le mélodrame, je ne serais pas fâché d'y voir accourir aussi ceux qui ne l'aiment pas.

L'ÉTOFFÉ.

J'entends, vous soufflez le froid et le chaud.

LE DIRECTEUR.

Pas plus que vous, M. l'Etoffé, qui avez, dans votre

magasin, des draps de toutes les couleurs, pour contenter les différens goûts. Moi, je dois étudier et saisir les caprices du public, qui se moque aujourd'hui de ce qui lui plaisait hier, et se moquera demain de ce qui lui plaît aujourd'hui.

L'ÉTOFFÉ.

Mais le vrai beau ne perd jamais ses droits ; à travers tous ces caprices, ces oscillations, ces révolutions dans le goût théâtral, croyez-en ma prophétie, le mélodrame restera.

LE DIRECTEUR.

Ainsi soit-il. Au surplus, monsieur, j'apperçois quelqu'un qui mérite bien plus vos reproches que moi ; c'est l'auteur de la pièce : je vous laisse avec lui. Lavez-lui la tête comme il faut.

L'ÉTOFFÉ.

Je n'y manquerai pas.

LE DIRECTEUR.

Je vais voir si tout est prêt pour commencer. (*en sortant il dit à l'auteur qui entre.*) Tenez, mon cher, voici un de vos amis qui vous cherche. (*il sort.*)

SCENE III.

M. L'ÉTOFFÉ, L'AUTEUR.

L'AUTEUR.

C'est, sans doute quelqu'un qui demande un billet pour m'applaudir. (*à l'Étoffé.*) Monsieur, je n'ai pas le plaisir de vous connaître ; mais c'est égal, je compte sur vous... Vous avez sans doute là quelques amis ; tenez, voilà des billets pour quatre personnes ; allez vite vous placer, car on va commencer tout-à-l'heure.

L'ÉTOFFÉ.

Est-ce que vous vous moquez de moi, monsieur ? moi, accepter vos billets, applaudir une pièce aussi impertinente que la vôtre ! oui, monsieur, j'ai quelques amis ; mais nous sommes tous résolus à vous siffler comme il faut.

L'AUTEUR, *saisi.*

Ah ! monsieur, que dites-vous ? siffler ! ah ! ne prononcez jamais ce mot devant un auteur ; c'est pour le faire évanouir. Il est comme cela certaines cordes qu'il ne faut jamais toucher. C'est comme si vous parliez à un négociant de ses banqueroutes, à une vieille coquette de son âge, et à un usurier de sa conscience.

L'ÉTOFFÉ.

Puisque vous craignez tant les sifflets, pourquoi travailler à les mériter ? Il vous convient bien de ridiculiser les mélodrames !... Apprenez, monsieur, que j'en suis le chevalier déclaré, et qu'il y a plus de talent dans une seule virgule de mélodrame, que dans toutes les sottes critiques et les fades plaisanteries dont ce genre est l'objet.

L'AUTEUR, *à part.*

Tâchons de l'appaiser, ce sera un ennemi de moins, un jour de première réprésention, un auteur doit ménager tout le monde. (*haut.*) Calmez-vous, monsieur, on vous a trompé sur le compte de ma pièce ; et puisque vous aimez tant les mélodrames, elle doit vous plaire, car, je vous jure qu'il y a de l'étoffe pour en faire douze.

L'ÉTOFFÉ.

Douze.

L'AUTEUR.

Au moins.

L'ÉTOFFÉ.

Tout de bon !

L'AUTEUR.

Parole d'honneur.

L'ÉTOFFÉ.

Quel plaisir je me promets ! je verrai douze mélodrames à la fois ; c'est pour en mourir !

L'AUTEUR.

Aimez-vous les hermites ?

L'ÉTOFFÉ.

Beaucoup.

L'AUTEUR.

Eh bien, j'en ai un... Aimez-vous les tyrans ?

L'ÉTOFFÉ.

J'en suis fou ?

L'AUTEUR.

Vous en verrez un. Et les voleurs, les cavernes ?

L'ÉTOFFÉ.

C'est ma passion !

L'AUTEUR.

Vous en aurez ; et les enlèvemens, les combats, les revenans, les incendies ?

L'ÉTOFFÉ, *enchanté*.

A la rage ! à la rage !

L'AUTEUR.

Eh bien ! il y a de tout cela dans ma pièce.

L'ÉTOFFÉ.

C'est un chef-d'œuvre !

L'AUTEUR.

C'est de l'essence de mélodrame toute pure... Au moins n'allez pas m'accuser si les acteurs s'avisent de donner quelquefois aux plus beaux morceaux un vernis burlesque : je leur ai bien recommandé de garder le plus grand sérieux.

L'ÉTOFFÉ.

Vous avez bien fait : ce n'est point une plaisanterie.

L'AUTEUR.

Sans doute ; mais ces maudits comédiens sont quelquefois d'une obstination...

L'ÉTOFFÉ.

Oh ! nous saurons bien distinguer...

L'AUTEUR.

D'ailleurs, s'ils ne répondent pas à vos intentions et aux miennes, je vous promets de vous dédommager de leur bévue, en composant, le plutôt possible, un mélodrame des mieux conditionnés.

L'ÉTOFFÉ.

Voilà ce qui s'appelle parler ! vous me paraissez un homme à talent : j'accepte vos billets, et vais me placer avec mes amis ; nous applaudirons de toutes nos forces !

L'AUTEUR, *à part*.

Voilà comme on amadoue son monde ! (*haut*.) Je vais avec vous ; je me placerai au milieu du grouppe, et je vous donnerai le signal, en applaudissant moi-même les points à effet.

L'ÉTOFFÉ.

Comment vous applaudissez vous-même vos ouvrages ?... Je croyais qu'on devait laisser ce soin-là aux autres.

L'AUTEUR.

Oh ! on fait toujours mieux sa besogne soi-même ; et puis dans ce moment-ci, la main d'œuvre est si chère !

L'ÉTOFFÉ.

A qui le dites-vous !... Sur-tout, n'oubliez pas votre promesse ?

L'AUTEUR.

Je vous la renouvelle. (*On entend crier : place au théâtre.*) J'entends le signal qui nous annonce qu'on va commencer... Allons à nos postes. (*Au public.*) Messieurs, si, par hasard, vous alliez voir des plaisanteries dans la pièce sérieuse que je vous soumets, rappellez-vous que pour expier mon crime de lèze-mélodrame, j'ai promis d'en composer un... Puissiez-vous toujours applaudir le péché en attendant la pénitence.

(*A la cantonade.*) Au rideau, au changement. (*à l'orchestre.*) Messieurs, êtes vous prêts pour l'ouverture.. (*au souffleur.*) Tenez, mon ami, voici le manuscrit, je me recommande à vous ; (*au public.*) et à vous, surtout, messieurs.

FIN DU PROLOGUE.

Nota. Il est essentiel de jouer le Prologue dans toutes les villes où l'on jouera la pièce, seulement quelques représentations. *Le petit Colas peut jouer le rôle du vieux villageois.*

RODERIC
ET
CUNÉGONDE.

Le théâtre représente une campagne. Sur l'un des côtés de la scène, on distingue une cabane d'hermite ; une grosse cloche est suspendue au-dessus de la porte, etc.

SCENE PREMIERE.

Le petit COLAS, *arrivant avec une panetière.*

DÉPÊCHONS-NOUS de prévenir le bon hermite de l'agréable surprise qu'on se propose de lui faire. Comme il va être content, lui qui aime tant la solitude, de voir tout le village arriver chez lui ! il y a aujourd'hui trois ans qu'il est venu demeurer en ce canton, et tous les habitans veulent célébrer cet aniversaire. Nous l'aimons tous, sans trop savoir pourquoi, car il ne nous sert à rien du tout ; mais il est si bon, si généreux ! depuis trois ans que je lui apporte chaque jour ses provisions, il ne m'a encore rien donné ; mais aussi je commence toujours par prendre pour moi le meilleur du panier, et ce cher homme ne m'en a jamais fait de reproches, parce qu'il n'en sait rien. Sonnons. (*il sonne.*) Il ne m'entend pas : il prie sans doute, où bien il dort. Sonnons plus fort. (*Colas sonne et s'impatiente. L'orchestre joue l'air : Frères Jacques, dormez-vous*, etc.)

CHILDEBRAND OU L'HERMITE, *en dedans.*

Qui sonne là-bas ?

COLAS.

C'est moi, bon Hermite, ouvrez, c'est le petit Colas.

CHILDEBRAND.

J'y vais.

SCENE II.

CHILDEBRAND, sous l'habit d'Hermite, COLAS.

(*Entrée, salutations. L'orchestre joue: Serviteur à M. Lafleur.*)

CHILDEBRAND.

Bon jour, petit Colas.

COLAS.

Bon jour, mon père: je vous apporte vos provisions.... Le panier est bien garni.

CHILDEBRAND.

Que m'importe! dois-je faire attention à ma nourriture? Voyons ce qu'il y a.

COLAS, *découvrant le panier.*

De beaux et bons fruits, voyez.

(*L'orchestre joue: Pommes de reinette et pommes d'api.*)

CHILDEBRAND.

Toujours des pommes!

COLAS.

Tous les habitans, se sont empressés, en rechignant un peu, à emplir ma panetière.

CHILDEBRAND.

Les braves gens! ce sont ceux qui n'ont rien, qui donnent le plus volontiers.

COLAS.

Mon père, vous avez été bien long-tems à m'ouvrir.

CHILDEBRAND.

Je m'étais assoupi un instant.

COLAS.

Vous avez donc le sommeil bien dur?

CHILDEBRAND.

Que veux-tu? quand on a tant de chagrins, tant d'inquiétudes!

COLAS.

Vous, mon père, des chagrins!

CHILDEBRAND, *à part.*

Ah! ciel, j'ai failli me trahir! (*haut.*) Non, c'est que je plaisante... Ne m'interroge pas.

COLAS.

Eh! je ne vous dis rien.

CHILDEBRAND.

C'est en vain que tu me presses pour savoir la cause de mes chagrins.

COLAS.

Moi, je ne vous presse pas du tout.

CHILDEBRAND.

Mon secret mourra avec moi.

COLAS.

Grand bien vous fasse!... parlons d'autre chose.

CHILDEBRAND.

Eh bien! je me rends à tes vives instances; tu vas tout savoir.

COLAS.

Non, ce n'est pas la peine; d'ailleurs, je suis un tantinet bavard...

CHILDEBRAND.

[illegible]ux que tu le saches, moi... mon cœur a besoin de s'épancher; il est si doux pour les infortunés de voir compâtir à leurs maux les cœurs sensibles auxquels ça est bien égal!

COLAS.

Depuis trois ans que je vous vois tous les jours, vous ne m'avez jamais parlé de rien.

CHILDEBRAND.

Comme c'est un secret de la plus haute importance, j'attendais exprès un jour où il y aurait beaucoup de monde ici.

COLAS.

Ah! mon père, comme c'est malin de votre part!

CHILDEBRAND.

Prenons des précautions... (*ils vont des deux côtés de la scène, examinent s'ils ne peuvent être surpris. L'orchestre joue : le Menuet d'Exaudet. Ils reviennent sur l'avant-scène.*) Tu as sans doute entendu parler du fameux comte Childebrand?

COLAS.

Jamais de la vie.

CHILDEBRAND.

J'étais bien sûr que tu le connaissais... mais, peut-être ne sais-tu pas tous les détails de ses affreux malheurs ?

COLAS.

En voilà la première nouvelle.

CHILDEBRAND.

Tant mieux ; mais quand tu les aurais sus, je te les aurais tout de même racontés. Apprends donc que le comte Childebrand est devant tes yeux.

COLAS.

Où donc çà ?

CHILDEBRAND, *ouvrant sa robe et laissant voir sont habit de chevalier.*

Le voici.

COLAS.

Vous !

CHILDEBRAND.

Je suis le comte !

COLAS.

Quel conte !

CHILDEBRAND.

Vrai, parole d'honneur !

COLAS.

Vous devez étouffer avec tous ces habits les uns sur les autres ?

CHILDEBRAND.

J'espère quitter bientôt cette robe d'Hermite, et me montrer tel que je suis ; que dis-je, malheureux ! m'est-il encore permis d'espérer ?

COLAS.

Bah ! espérez toujours ; ça ne coûte rien, et ça soulage.

CHILDEBRAND.

Je possédais aux environs d'ici, les plus jolis petits états du monde. J'avais une fille charmante, un neveu accompli ; j'ai tout perdu ; tout.

COLAS.

Il faut les faire tambouriner.

CHILDEBRAND.

Le cruel Sacripandos m'a tout ravi.

COLAS.

Comment ! Sacripandos !... ce sournois, dont le château est à l'entrée du bois ?

CHILDEBRAND.

Lui-même... Sacripandos eût envie à la fois de mon château et de ma fille... Je voulais garder l'un, et j'avais promis l'autre. Il jura de m'enlever tous les deux. Je fis un appel à mes vassaux, dont j'étais adoré, pas un ne bougea... Sacripandos vint mettre le siège devant mon château... Après cinq minutes de la plus opiniâtre résistance, il fallut céder à la force ; nous tentâmes une sortie par la basse-cour, l'ennemi nous coupa, et mon neveu et moi fûmes tués dans l'affaire.

COLAS.

Comment ! tous les deux ?

CHILDEBRAND.

C'est comme j'ai l'honneur de te le dire... Le lendemain matin, je fus bien étonné de me réveiller dans un fossé, je n'étais que plaies et bosses... Bientôt j'appris que le farouche vainqueur s'était emparé de tous mes biens ; que ma fille, ma Cunégonde était en sa puissance, et que, malgré ma mort, il avait mis ma tête à prix... Alors... plus de salut pour moi que dans la fuite... Mais, pas si bête :... au lieu d'aller chercher ailleurs secours et sûreté, j'aimai bien mieux rester exposé à la gueule du loup, et je m'établis dans cet hermitage, où je passe ma vie à mourir de peur.

COLAS.

Ça ne laisse pas que d'être amusant ; et que prétendez-vous faire ?

CHILDEBRAND.

Je n'en sais rien encore ; mais j'ai pris un parti désespéré.

COLAS.

Quel est-il ?

CHILDEBRAND.

C'est de m'abandonner à la Providence.

COLAS.

C'est la ressource des paresseux.

CHILDEBRAND.

Je veux arracher ma Cunégonde des mains de Sacripandos ; si je ne l'ai pas encore essayé depuis trois ans, ce n'est point par peur, c'est que je n'ai pas osé ; mais je guette le moment, et je hasarderai tout, quand je verrai qu'il n'y aura rien à craindre.

COLAS.

Quelle témérité !... mais des étrangers s'avancent.

CHILDEBRAND.

La politesse veut que nous leur cédions la place : ils ont peut-être quelque chose à se dire. D'ailleurs, je réfléchis que j'ai eu tort de te confier ainsi mes secrets en plein air, et à présent que tu sais tout, entrons dans ma cabane, je t'apprendrai le reste. (*ils entrent. Musique.*)

SCENE III.

RODERIC, *déguisé en pélerin*, MALINOT, *en jockey.*

(*L'orchestre joue : Je suis gelé, morfondu,*)

RODERIC.

Arrêtons-nous ici ; je n'en puis plus.

MALINOT.

Je le crois... huit lieues à pied, tout d'une traite.

RODERIC.

Et sans déjeuner.

MALINOT.

C'est dur quand on n'a pas soupé la veille.

RODERIC.

Moi je suis fait aux fatigues, aux privations; mais toi, mon cher Malinot, toi, jeune enfant, intéressant compagnon de mes malheurs, toi, dont le tempérament plus délicat. . .

MALINOT.

Laissez-donc, chevalier Roderic, mon attachement pour vous me rend insensible à tout; et si ce n'était la faim, la soif, le chaud, le froid, la fatigue, la peur et la misère, je me trouverais à merveille.

RODERIC.

Quel noble dévouement ! et voilà pourtant les domestiques que nous regardons comme des valets ? . . . A propos, comment trouves-tu ce petit pays-ci ?

MALINOT.

Assez bien, s'il y avait de l'ombre.

RODERIC.

Eh bien ! c'est ma patrie... Vois-tu ce petit bois, à main gauche ?

MALINOT.

Oui.

RODERIC.

Eh bien ! c'est sur cette montagne, à main droite, que j'ai pris naissance ; c'est dans ce château qu'on a négligé mon éducation ; c'est-là que je serais encore, si l'on ne m'en avais pas chassé ; c'est-là enfin que vivent ensemble mon épouse et mon persécuteur.

MALINOT.

Votre épouse ! je vous croyais garçon.

RODERIC.

C'est à peu près la mêmechose. Je ne suis presque pas marié, et, à l'exception d'un petit garçon de quatre à cinq ans...

MALINOT.

Expliquez-vous plus clairement.

RODERIC.

Je le veux bien... Tu sauras donc qu'ayant perdu mon père et ma mère, je me trouvai tout-à-coup orphelin. Je fut recueilli par mon oncle, le comte de Childebrand, seigneur de ce château ; il m'éleva, et parvint à faire de moi un assez joli jeune homme. Je ne savais comment reconnaître tant de bienfaits, quand il me vint dans l'idée de séduire sa fille Cunégonde, qui n'attendait que l'occasion d'être séduite ; nous nous adorions, et, pour la posséder, je n'avais que deux moyens : la demander ou la prendre. Je suis fier, je crains les refus ; je ne la demandai pas. Un honnête chapelain nous maria en cachette. . . Bientôt Cunégonde devint mère ; et tout cela se passa si secrètement, que mon oncle fût le seul qui ne s'en apperçut pas... Enfin nous étions sur le point de tout avouer, quand le cruel Sacripandos, notre voisin, vînt attaquer le château de mon oncle ; nous fûmes vaincus... Je fis le mort, de peur de mourir; le comte Childebrand tomba à mes côtés, et quand je vis qu'il donnait encore quelques signes de vie, je me sauvai à toutes jambes, pour n'être pas témoin de ses derniers momens.

MALINOT.

Quelle sensibilité ! le bon petit cœur !

RODERIC.

Depuis cè tems-là, j'ai erré je ne sais où, j'ai vécu je ne sais comment, et, sous ce costume, j'ai l'air de je ne sais qui ; mais je l'ai pris pour échapper aux recherches de mes ennemis, qui ne pensent peut-être pas à moi, et apprendre des nouvelles de ma femme et de mon petit, dont je ne suis pas informé depuis ce tems-là.

MALINOT.

Vous trouverez, sans doute, bien du changement. Le petit sera devenu grand, et votre femme...

RODERIC.

Arrête ! je ne veux savoir cela qu'en tems et lieu .... Je n'ai qu'une inquiétude; c'est que ton costume n'excite des soupçons ; un pélerin avoir un jockey !

MALINOT.

C'est juste... et si j'ai gardé cet habit, c'est par une raison puissante, et qu'il est tems de vous apprendre.

RODERIC.

Quelle est-elle?

MALINOT.

C'est que je n'en ai pas d'autre.

RODERIC.

Je m'en contente.

MALINOT.

D'ailleurs, ne craignez rien ; je saurai, quand il le faudra, avoir l'air de n'être pas avec vous... Oh ! laissez-moi faire ; je ne m'appelle pas Malinot pour rien.

RODERIC.

J'appercois un Hermite !

MALINOT.

Tâchons qu'il nous invité à déjeûner.

RODERIC.

De la prudence ! ne nous trahissons point.

SCENE IV.

LES PRÉCÉDENS, CHILDEBRAND, le petit COLAS.

CHILDEBRAND.

Je verrai avec plaisir ces bons villageois : ma plus douce jouissance est de me trouver avec eux. Tâche seulement qu'il ne restent pas long-tems ici ; ils pourraient bien finir par m'ennuyer.

COLAS.

Soyez tranquille, mon père. Comme vous ne donnez ni à boire, ni à manger, il viendront seulement s'échauffer ici et ils retourneront se rafraîchir chez eux.

CHILDEBRAND.

A la bonne heure !

COLAS.

Au revoir, mon père.

(Colas sort sans voir Roderic ni Malino. (Musique.)

SCENE V.

RODERIC, MALINO, CHILDEBRAND.

CHILDEBRAND, *les appercevant.*

Quels sont ces inconnus ?

MALINOT, *à Roderic.*

Abordons-le, il a l'air d'un brave homme.

CHILDEBRAND.

Ils ont bien mauvaise mine. Ce sont probablement deux de ces voleurs qui infestent les environs ; mais, qu'importe, ce sont des hommes, et quoiqu'ils n'aient peut-être besoin de rien, c'est un devoir pour moi de les secourir.

RODERIC, *s'avançant.*

Permettez, bon Hermite...

CHILDEBRAND.

Que voulez-vous, Pélerin ?

RODERIC.

Quelle voix !

Roderic et Cunégonde. C

CHILDEBRAND.

Quels traits?

RODERIC.

Est-ce un songe ?

CHILDEBRAND.

En crorai-je mes yeux !

RODERIC.

Mon oncle !

CHILDEBRAND.

Mon neveu !

RODERIC.

Childebrand !

CHILDEBRAND.

Roderic !

RODERIC.

Embrassons-nous.

CHILDEBRAND.

Je le veux bien ; mais ça ne pressait pas... (*ils s'embrassent, grande explosion.*) Quoi, tout de bon, tu vis ?

RODERIC.

Quoi! sérieusement, vous n'êtes pas mort?

CHILDEBRAND.

Je ne crois pas.

RODERIC.

Ni moi non plus.

CHILDEBRAND.

Quel est ce garçon ?

RODERIC.

Un écuyer, en manière de Jockey.

MALINOT.

A votre service.

RODERIC.

Il est fidèle et dévoué.

CHILDEBRAND.

Tant mieux, c'est rare !

RODERIC.

Pourquoi êtes-vous hermite ?

CHILDEBRAND.

Pourquoi es-tu pélerin ?

RODERIC.

Vous le saurez plus tard.

CHILDEBRAND.

Tu l'apprendras tantôt.

RODERIC.

Que fait l'intéressante et infortunée Cunégonde ?

CHILDEBRAND.

Elle fait... ce qu'elle peut.

RODERIC.

Et... que peut-elle ?

CHILDEBRAND.

Souffrir !

RODERIC.

Hélas !

CHILDEBRAND.

Sacripandos la retient prisonnière, et la tourmente de son odieux amour.... Elle oppose au tyran des larmes que je lui connaissais, et un enfant que je ne lui connaissais pas...

RODERIC, *tombant à genoux.*

J'en suis le père !

CHILDEBRAND.

Je le savais.

RODERIC.

Et vous ne me haïssez pas ?

CHILDEBRAND.

A quoi cela me servirait-il ?

MALINOT.

C'est vrai. Et puis, il est si doux de pardonner.

CHILDEBRAND.

Quand on ne peut pas faire autrement.

RODERIC.

O le meilleur des oncles !

CHILDEBRAND.

Ne parlons plus de cette misère-là. Quels sont tes projets?

RODERIC.

Vous devez bien croire que je ne suis pas venu ici pour des prunes. Je veux reconquérir vos états, Cunégonde, mon fils, enfin, tout ce que nous n'avons pas su défendre ; punir Sacripandos, ou mourir encore une fois. En êtes-vous ?

CHILDEBRAND, *lui tendant la main.*

Ça va.

MALINOT.

J'en suis aussi.

RODERIC.

Touche-là... Nous voilà plus qu'il ne faut. Il ne nous manque plus qu'une jolie petite armée ; mais que sait-on? le ciel a souvent fait des miracles en faveur de l'innocence. (*On entend une musique villageoise.*) Que signifie cette musique ?

CHILDEBRAND.

C'est une fête champêtre dont je suis l'objet.

RODERIC.

Il s'agit bien de fêtes !

CHILDEBRAND.

Voyons-là toujours, ça fait passer un quart-d'heure.

RODERIC.

Va donc pour la fête, quoique je n'aie guères le cœur à la danse.

SCENE VI.

LES PRÉCÉDENS, Troupe de Villageois et Villageoises, *qui arrivent deux à deux en dansant, et qui saluent l'Hermite en passant.*)

UN VIEUX VILLAGEOIS.

Permettez, vénérable Hermite, que les habitans du canton, qui ont le bonheur de vous posséder, célèbrent, par leurs jeux et leurs danses, l'anniversaire du jour où ils ont eu un fainéant de plus à nourrir.

CHILDEBRAND.

A votre aise, bons villageois ; croyez que mon cœur sait reconnaître les sentimens que vous avez pour moi.

(*On se place pour la danse.*)

COLAS.

Ecoutez, mes amis ; il me vient une idée. Vous savez que nous dansons assez mal, comme bien des gens qui en font leur métier, alors notre ballet, au lieu d'amuser le bon hermite, pourrait bien le faire bâiller... Sautons une ronde tout bonnement... J'en sais une drôlette, je vais vous la chanter. Vous ferez chorus au refrein.

RONDE.

Premier couplet.

Lucas et sa femme Annette,
Traversaient le bois voisin;
V'là qu'un voleur les arrête,
Un pistolet à la main.
Lusas tremblait d'tout' son âme,
Y avait d'quoi trembler aussi!

Car, d'après plusieurs aventures arrivées dans le bois, il savait qu'messieurs les voleurs...

Font queuq'fois grace à la femme,
Mais n'la font pas au mari. (*bis.*)

Second couplet.

On sait qu'à pareille fête,
Un voleur n'se gêne pas,
Il prend trois baisers d'Annette,
Et tout l'argent de Lucas;
Ces baisers lui troublent l'âme,
V'là l'voleur qu'est attendri!

Et pour leur prouver qu'il n'est pas si diable qu'il est noir...

Il garde avec lui la femme,
Et laisse aller le mari. (*bis.*)

Troisième couplet.

Lucas, de r'tour au village,
Se désole; on n'sait vraiment
Ce qu'il regrett' davantage,
Ou d'sa femme, ou d'son argent.
Il voit revenir la dame,
Qu'on jug' qui fût ébahi!

Tiens, not' homme, j'te rapportons tout c'qu'on nous a volé. —Et à queu condition qui t'a rendu ça ?... — Va, n't'inquiète pas, c'voleur est un brave homme ?

Il aime à rendre à la femme,
Tout ce qu'il prend au mari. (*bis.*)

(*A la reprise de la ritournelle, on entend une musique guerrière, qui annonce l'arrivée de Sacripandos.*)

CHILDEBRAND.

O ciel! c'est Sacripandos!

RODERIC.

O ma rage! contiens-toi!

CHILDEBRAND.

Dissimulons.

MALINOT.

Et nous, mêlons-nous parmi les villageois.

SCENE VII.

LES PRÉCÉDENS, SACRIPANDOS, Gardes.

SACRIPANDOS.

Que veulent dire toutes ces danses... Au travail, paysans, au travail; vous danserez dimanche.

COLAS.

Oh! le vilain trouble-fête!

SACRIPANDOS.

Allons, qu'on me tourne les talons!

(*Tous les villageois se retirent tristement. (M.) Malinot les suit.*)

SCENE VIII.

SACRIPANDOS, RODERIC, CHILDEBRAND.

SACRIPANDOS.

Restez, bon Hermite: je veux avoir un entretien avec vous.

CHILDEBRAND.

Avec moi?

SACRIPANDOS.

Oui. Quel est ce pélerin?

CHILDEBRAND.

C'est mon neveu, qui voyage pour l'accomplissement d'un vœu.

SACRIPANDOS.

Vous et lui pouvez m'êtres utiles. Je vous comblerai de mes bienfaits, si vous me servez fidèlement. (*à part.*) Promettons toujours, ça ne coute pas cher. (*haut.*) Mais craignez ma vengeance, si vous résistez à mes volontés.

CHILDEBRAND.

Parlez, seigneur, et soyez sûr que nous vous servirons comme vous le méritez.

RODERIC.

Oui, comme vous le méritez.

CHILDEBRAND, *bas à Roderic.*

Sens-tu les mots à double entente ?

RODERIC.

Oh ! j'y suis.

SACRIPANDOS.

Savez-vous ?...

RODERIC.

Non, seigneur, nous ne savons pas.

SACRIPANDOS.

Silence !... Apprenez que je veux m'unir avec une jeune veuve qui habite actuellement mon château.

RODERIC, *bas.*

Son château !... une veuve !... Le traître!

SACRIPANDOS.

Mais le ridicule amour qu'elle conserve pour un chevalier mort depuis long-tems, la rend rébelle à mes vœux.

RODERIC.

Mort ! comptes-y, comptes-y !.

SACRIPANDOS.

Je suis donc déterminé à la rendre heureuse malgré elle. J'ai jetté les yeux sur vous pour tenter un dernier effort sur son esprit. Votre âge, votre caractère pourront peut-être la décider.

CHILDEBRAND.

Croyez, seigneur, qu'il me sera facile de lui inspirer les sentimens qu'il lui convient d'avoir pour vous.

RODERIC, *bas à Childebrand.*

Bien, bien, toujours des réponses normandes... (*haut.*) Et moi, seigneur, quel rôle me destinez-vous?

SACRIPANDOS.

Le voici. Toutes les nuits je m'amuse à faire à Cunégonde des peurs terribles... Un de mes domestiques, garçon intelligent, lui apparraissait sous la figure de son Roderic, et ce fantôme lui ordonnait de me prendre pour époux ; mais mon revenant est mort avant-hier, et je vous choisis pour le remplacer.

RODERIC.

Je jouerai le revenant au naturel.

SACRIPANDOS.

Allons, suivez-moi ; mais que diable, boutonnez donc vos robes, on voit tous vos habits ; si je voulais, je vous reconnaîtrais.

CHILDEBRAND.

C'est juste.

RODERIC.

Bien obligé.

SACRIPANDOS.

Marchons.

(*Dès que Sacripandos a le dos tourné, les autres lui font des gestes menaçans. Il se retourne bruquement ; signes de dévouement et de soumission. Ils font le tour du théâtre. Pendant ce tems le décors change et représente un salon du château.*)

SACRIPANDOS.

Nous voici enfin arrivés dans mon château.

CHILDEBRAND.

Il est fort joli.

SACRIPANDOS.

Et pas cher.

RODERIC, *bas.*

Nous le reprendrons au prix coutant.

SACRIPANDOS.

J'apperçois Cunégonde... je vais vous présenter à elle. (*à Roderic.*) Et vous, allez m'attendre dans la galerie de l'ouest ; je vous y rejoindrai bientôt. (*Signes d'intelligence entre Roderic et Childebrand.*)

SCENE IX.

SACRIPANDOS, CUNÉGONDE, CHILDEBRAND.

SACRIPANDOS.

Madame, j'ose enfin espérer...

CUNÉGONDE.

Vous avez tor.

SACRIPANDOS.

Femme cruelle et obstinée !

SACRIPANDOS.

Quand je le pourrais, je m'en garderais bien. Si vous êtes si fière, à présent qu'ils sont morts, que serait-ce donc s'ils étaient vivans? Vous êtes assez grande pour vous passer d'un père; et si je vous ai ravi un époux, je vous en offre un autre.

CUNÉGONDE.

Oh! que ce n'est pas tout de même!

SACRIPANDOS.

Madame, je m'ennuie de vous répéter toujours la même chose; mais voilà monsieur qui va vous dire encore une fois, ce que je vous ai dit cinquante. Parlez-lui, bon Hermite.

CUNÉGONDE.

C'est inutile.

SACRIPANDOS.

Voilà comme elle est. Je suis sûr d'avance qu'elle ne vous écoutera pas; mais, c'est égal; parlez-lui toujours. Je ne veux rien avoir à me reprocher. Je vous laisse. (*à part.*) Allons rejoindre mon revenant.

CHILDEBRAND.

Bon!

SCENE X.

CHILDEBRAND, CUNÉGONDE.

CUNÉGONDE.

Monsieur l'Hermite, il me semble que je vous ai vu quelque part.

CHILDEBRAND.

Parbleu! je le crois bien; je suis ton père.

CUNÉGONDE.

O ciel!

CHILDEBRAND.

Chut! Sacripandos revient! dissimulons!

SCENE XI.

LES PRÉCÉDENS, SACRIPANDOS.

SACRIPANDOS.

Eh bien! quel est le résultat du long entretien que vous venez d'avoir ensemble?

CUNÉGONDE.

Je ferai, seigneur, tout ce que me conseillera ce vénérable solitaire.

SACRIPANDOS.

Je triomphe!

CHILDEBRAND, *à part.*

Pas encore!

CUNÉGONDE, *bâillant.*

Vous savez, seigneur, que mon sommeil étant toujours troublé par d'effrayantes apparitions, je suis sans cesse accablée par l'envie de dormir, et que j'y cède où je puis... Je dors peu et souvent.

SACRIPANDOS.

C'est nous dire que vous désirez vous livrer aux douceurs du repos: nous vous laissons. (*à Childebrand.*) Le moment est favorable pour une apparition.

CHILDEBRAND.

A quoi bon?

SACRIPANDOS.

Si fait, si fait... une scène de phantasmagorie na gâtera rien à mon affaire. (*ils sortent.*)

SCENE XII.

CUNÉGONDE, *seule.*

Le plaisir que j'éprouve d'avoir retrouvé mon père, jette tous mes sens dans un engourdissement délicieux... faisons un somme... Je n'ai jamais de meilleures idées que quand je dors, et je crois au proverbe qui dit: le bien vient en dormant. (*Elle s'endort sur un canapé.*)

SCENE XIII.

CUNÉGONDE, RODERIC, *en fantôme.*

RODERIC.

Elle dort... est-ce le sommeil de l'innocence? Si, depuis trois ans, l'entreprenant Sacripandos... (*Musique.*) Oh! idée affreuse! éloignons-là !.. ne réveillons pas le chat qui dort !.. quelle situation ! réduit à jouer l'ombre de moi-même pour servir un rival !... Allons, jouons mon rôle. (*il secoue son flambeau.*)

CUNÉGONDE, *endormie.*

Roderic! Roderic !

RODERIC.

Ah! dieux, elle m'appelle; elle aime son époux : c'est un rêve. (*d'une voix sépulchrale.*) Cunégonde! Cunégonde!

CUNÉGONDE, *s'éveillant.*

Il fume, je crois, dans ce salon. (*voyant Roderic.*) O ciel! encore un spectre !... éloigne-toi, fantôme affreux !

RODERIC.

Reconnais Roderic !

CUNÉGONDE.

Suis-je donc la seule femme condamnée à n'être pas tranquille, même après la mort de son époux... Viens-tu m'ordonner encore d'épouser Sacripandos ?

RODERIC.

Bien au contraire... à moins que tu ne veuilles être la femme à deux maris; car dans peu tu reverras Roderic vivant.

CUNÉGONDE.

Quand ça ?

RODERIC, *jettant son drap de fantôme.*

Pas plus tard que tout de suite.

CUNÉGONDE.

O ciel ! mon époux !

RODERIC.

Ma Cunégonde, modère tes transports! si l'on me découvrait, je serais mort tout de bon.

CUNÉGONDE.

Quand j'ai dit que le bien venait en dormant ?

RODERIC.

Sacripandos peut nous surprendre.

CUNÉGONDE.

Je ne le crains plus.

RODERIC.

Mais, moi, je le crains encore ! A propos, et notre petit?

CUNÉGONDE.

Joli comme un amour !

RODERIC.

C'est bien mon fils ! . . . J'entends, je crois, du bruit. . . adieu? amour et espérance ! (*d'une grosse voix.*) Adieu, Cunégonde !... fais donc semblant d'avoir peur. (*il sort en disant d'une grosse voix et agitant son flambeau.*) Adieu, Cunégonde !

SCENE XIV.

CUNÉGONDE, *seule.*

Eh bien ! voyez un peu, tout-à-l'heure j'étais orpheline et veuve, et crac, dans un moment je retrouve mon père et mon époux. . . il y a des jours comme ça, où l'on retrouve tout ce qu'on veut... Mais comment ont-ils pu pénétrer dans ce château?... apparemment que cela ne me regarde pas, puisqu'ils ne me l'ont pas dit. Quels sont leurs projets? je les ignore ; mais je les seconderai de tout mon pouvoir.

SCENE XV.

CUNÉGONDE, SACRIPANDOS.

SACRIPANDOS.

Madame, sans doute, le sommeil, en rafraîchissant vos idées, aura confirmé les dispositions favorables où vous étiez pour moi.

CUNÉGONDE.

Laissez-moi : vous me faites horreur !

SACRIPANDOS.

Eh bien ! voilà du nouveau ! d'après ce que m'a dit l'Hermite, je croyais... malheur à lui s'il m'a trompé... Parbleu ! je suis un grand sot de prier si long-tems, quand je puis commander. Je me ravise à la fin. Madame, notre hymen se fera ce soir même.

CUNÉGONDE

Jamais.

SACRIPANDOS.

Je vous y forcerai bien.

CUNÉGONDE.

On ne me mariera peut-être pas sans que j'y sois !

SACRIPANDOS.

Votre intérêt même vous fait une loi de cette union ; il faut donner un père à votre fils !

CUNÉGONDE, *vivement.*

Eh ! n'en a-t-il pas un ?

SACRIPANDOS.

Il a un père !

CUNÉGONDE, *à part.*

Ciel ! qu'ai-je dit ? (*haut.*) N'a-t-il pas dieu qui lui en servira ?

SACRIPANDOS.

La pensée est assez belle ; mais je ne vois que trop que la présence de ce fils est un des plus puissans motifs de vos refus ; tremblez pour lui.

CUNÉGONDE.

Que ferez-vous ?

SACRIPANDOS.

Suffit ; je m'entends. Cruelle : que n'ai-je pas fait pour vous plaire? promesses, menaces, plaisirs, ennuis, complimens, outrages, je n'ai rien négligé... eh bien ! je vais avoir recours aux derniers moyens de séduction ; je vais vous faire enfermer dans une tour obscure, au pain et à l'eau ; je vais faire périr votre enfant dans la forêt : et si, après cela, vous n'êtes pas sensible à mon amour, il faut que vous ayez un cœur de roche !

CUNÉGONDE.

Je sens tout ce que vos procédés ont de délicat et de galant ; mais mon cœur ne peut y correspondre.

SACRIPANDOS.

O rage!... c'est votre dernier mot ?

CUNÉGONDE.

Je n'en ai pas deux.

SACRIPANDOS.

A la garde !... (*Trois gardes entrent.*) assurez-vous de Cunégonde ; tu m'en réponds sur ta tete ; et toi, fais entrer l'inconnu qui attenddans la galerie prochaine. (*Cunégonde sort au milieu des gardes.*)

SCENE XVI.

SACRIPANDOS, *seul.*

Allons, je suis content de moi ; j'ai du caractère : il y a long-tems que j'aurais dû prendre ce parti-là. Achevons ce que j'ai si bien commencé... pour me défaire du fils de Cunégonde, je vais le livrer au farouche Détroussando, ce chef de voleurs, dans les bénéfices duquel je suis associé. Il m'a assez d'obligations pour ne pas me refuser le petit service que je vais lui demander. Le voici.

SCENE XVII.

SACRIPANDOS, DÉTROUSSANDO, *enveloppé dans son manteau.*

DÉTROUSSANDO.

Je reçois votre lettre, j'arrive, et l'on me fait croquer le marmot... morbleu, un homme comme moi n'est pas fait pour attendre.

SACRIPANDOS.

Excusé, ami. (*à part.*) Ménageons-le, j'ai besoin de lui.

DÉTROUSSANDO.

Sommes-nous seuls ?

SACRIPANDOS.

Absolument seuls !

DÉTROUSSANDO.

En ce cas, je puis me mettre à mon aise. (*il jette son manteau.*) J'agis sans cérémonie... Je suis venu en négligé.

SACRIPANDOS.

Tu sais que tu n'as pas de meilleur ami, de plus zélé protecteur que moi.

DÉTROUSSANDO.

Au fait, pourquoi m'avez-vous mandé? mon tems est précieux.

SACRIPANDOS.

Toi et tes gens avez toujours protection sur mes terres; et, dans les tems difficiles, asile dans mon château.

DÉTROUSSANDO.

Parbleu! seigneur, vous nous faites assez payer votre protection; et, sans reproche, c'est moi qui fournis votre château d'une partie des provisions que j'enlève chaque matin sur la route, aux villageois qui les portent à Paris... Mais, de quoi s'agit-il?

SACRIPANDOS.

De me débarrasser d'un enfant.

DÉTROUSSANDO.

C'est pour une misère pareille que vous avez fait un si long préambule!

SACRIPANDOS.

Sa présence en ces lieux nuit à mon bonheur!

DÉTROUSSANDO.

J'entends! et où est-il se morveux-là.

SACRIPANDOS.

On va te le livrer... Holà! quelqu'un. (*un garde entre.*) Qu'on fasse venir Cunégonde et son fils... Je sais qu'elle aime les enfans, et une fois privée du sien...

SCENE XVIII.

LES PRÉCÉDENS, CUNÉGONDE, son FILS, Gardes.

SACRIPANDOS.

Madame, j'aurais pu faire enlever votre fils à votre insu; mais j'ai bien mieux aimé vous rendre témoin de cette scène. Elle sera pathétique, déchirante, et j'aime ça.

CUNÉGONDE.

Que dites-vous, barbare! m'enlever mon fils!

Pas davantage.

(Il lui arrache son fils, des gardes la retiennent. Elle revole vers son fils. On la repousse ; elle tombe évanouie. On l'entraine. Tableau. La scène reste vuide.)

SCENE XIX.

MALINOT, *seul.*

Me voilà, moi ! on ne pensait peut-être plus à moi ; cependant, il faut bien que je serve à quelque chose. Il me vient un bonne idée !... Oui, c'est ça !... je vais m'engager dans le régiment de douze hommes, qui est au service de Sacripandos, et là, je serai peut-être plus utile qu'on ne croit... Je n'ai plus qu'une petite inquiétude, c'est de savoir si j'aurai la taille... O ciel ! ciel qui connais mon intention, fais-moi grandir subitement seulement de cinq à six pouces... Je suis exhaussé ! *(il sort. Musique.)*

SCENE XX.

(Le théâtre change et représente une caverne de voleurs.)

TROIS VOLEURS *entrent, une bouteille à la main.*

Ier VOLEUR.

Eh bien, mes amis, encore chou-blanc !

IIe VOLEUR.

Ça nous arrive souvent.

IIIe VOLEUR.

Notre capitaine perd la tête de s'obtiner à faire ses caravanes dans les environs de Montmartre ; il n'y a pas de l'eau à boire.

I VOLEUR.

Et bien, buvons du vin.

IIe VOLEUR.

Bien dit.

IIIe VOLEUR.

Au fait, ce n'est guères la peine d'être voleurs, si nous n'avons pas plus de profit qu'à être honnêtes gens !

CUNÉGONDE.

Barbare ! rendez-moi mon père, rendez-moi mon époux.

IIe VOLEUR.

C'est vrai, notre garde-robe n'est pas brillante !

Ier VOLEUR.

Nous qui déshabillons tant de monde, nous n'en sommes pas mieux vêtus.

IIIe VOLEUR.

Et vivre toujours dans des transes !

Ier. VOLEUR.

C'est le piquant de l'état.

IIe VOLEUR.

Sans doute, pour un voleur la peur de la justice, c'est la rocambole du métier.

Ier VOLEUR.

Où donc est le capitaine ?

IIe VOLEUR.

Il est sans doute en détachement... Buvons à sa réussite.

Ier et IIIe VOLEUR.

Buvons à sa réussite !

IIe VOLEUR.

Mais, le voici : quel diable de butin apporte-t-il là !

SCENE XXI.

LES PRÉCÉDENS, DÉTROUSSANDO, *portant le petit Roderic.*

IIe VOLEUR.

Eh bien ! Capitaine, as-tu fait bonne chasse ?

DÉTROUSSANDO.

Tenez, voilà le gibier.

IIIe VOLEUR.

Que veux-tu faire de ce bambin-là ?

Ier VOLEUR.

Un élève peut-être !

DÉTROUSSANDO.

Non ; j'exerce, mais je ne professe pas. Sacripandos me l'a donné à expédier.

Ier VOLEUR.

C'est dommage, il est gentil !

DÉTROUSSANDO, *tirant son sabre à moitié.*

Il faut pourtant...

LE PETIT RODERIC, *pleurant.*

Ah ! messieurs, ne me faites pas de bobo.

(*Musique, pantomime. L'enfant implore les voleurs qui le refusent d'abord et s'attendrissent par dégré.*)

DÉTROUSSANDO.

Ce petit drôle-là m'attendrit. Je n'ai jamais pu résister aux larmes d'un enfant qui pleure... Essayons... (*il lève le bras, l'enfant le regarde.*) Impossible, vois si tu seras plus ferme.

(*Les voleurs se passent l'enfant de mains en mains sans lui faire de mal.*)

IIe. VOLEUR.

Capitaine, faut-il recommencer !

DÉTROUSSANDO.

Non.

SCENE XXII.

LES PRÉCÉDENS, RODERIC, *en chevalier le sabre à la main, entre par le fond de la caverne.*

RODERIC.

O ciel ! voici l'occasion de me secourir ou jamais.

DÉTROUSSANDO, *s'apprêtant à frapper l'enfant.*

Je vois bien que c'est à moi à porter le coup.

RODERIC, *parant et prenant l'enfant.*

Et à moi à parer. (*Combat, Roderic tue Détroussando et les voleurs s'enfuient.*) Et d'un de délivré. A présent, occupons-nous de ma femme ! ô ciel ! ne permets pas que je reste à moitié chemin. (*Il s'en va sans prendre son enfant qui lui crie :*) Papa ! papa ! (*Roderic revenant le reprendre.*) Ah ! mon dieu, je l'oubliais. (*il sort.*)

DÉTROUSSANDO, *se relevant.*

Me voilà mort. C'est à merveille ; mais mon corps pourrait gêner ici. Allons nous faire enterrer ailleurs.

SCENE XXIII.

Le théâtre change et représente une campagne, on voit un grand moulin à vent dans lequel est enfermée Cunégonde. Uue sentinelle est en faction devant le moulin.)

CUNÉGONDE, *à la fenêtre du moulin.*

Ah ! que c'est ennuyeux d'être en prison... Ecrivons pour nous distraire ; je n'ai ni plume ni encre.... Lisons... point de livre... Chantons... je ne sais pas de chansons... Mangeons... je n'aime pas le pain sec... Helas ! qui me donnera des nouvnlles de mon fils. Qu'en a fait Sacripandos ! ô désespoir ! il y a deux heures que je me serais précipité par cette fenêtre, si elle était seulement d'un étage plus bas. (*Malinot qui est en faction lui fait signe d'espérer.*) Voilà plusieurs fois que ce soldat me fait des signes auxquels je ne comprends rien... Mon ami, au lieu de gesticuler comme cela, que ne me parlez-vous, cela serait plus clair ?

MALINOT.

Madame, il nous est défendu de parler en faction, mais non pas de faire des signes. Je vous parlerai des mains, écoutez-moi des yeux.

CUNÉGONDE.

Une drole de conversation.

SCENE XXIV.

LES PRÉCÉDENS, RODERIC, *portant son fils, il s'assied sur un banc.*

RODERIC.

Il est lourd au moins ce petit.

CUNÉGONDE.

Que vois-je ! mon époux et mon fils ! comment leur faire savoir que je suis ici... Appelons Roderic... Non, c'est un moyen trop commun... Ah ! l'excellente idée ! écrivons-lui sur une ardoise. (*elle rentre.*)

MALINOT.

Me découvrir à présent, ce serait trop brusque ; laissons aller les choses.

RODERIC.

Il faut avouer que je suis arrivé bien à point pour sauver cette innocente créature ; mais continuons notre route. Je ne suis pas en sûreté ici. (*il reprend l'enfant sous son bras.*) O ma Cunégonde que ne puis-je te porter sur l'autre bras. (*une ardoise tombe à ses pieds.*) Ah ! ça, qu'est-ce qui jette des pierres donc ? prenez garde, c'est dangereux, ça peut tuer un homme... mais que vois-je ? des caractères !... Lisons... « Ta Cunégonde est près de toi ! » Ah ! dieu ! et ou donc ça ! (*Il regarde de toutes parts et apperçoit un mouchoir blanc qu'on agite au bout d'un bâton.*) C'est-là sans doute, c'est sa main qui agite ce mouchoir... Je reconnais sa marque... Tiens, mon fils, baise ça.

LE PETIT.

C'est-y du gâteau, papa ?

RODERIC.

Fy, le petit gourmand ! non, c'est une lettre de ta mère ! (*l'enfant baise l'ardoise*)

LE PETIT.

Et ous qu'elle est maman ? (*Cunégonde paraît à la fenêtre.*)

RODERIC.

O bonheur ! la voici.

(*Tableau. Roderic élève dans ses bras son fils, qui envoie des baisers à Cunégonde.*)

Méchante ! pourquoi ne t'es-tu pas montrée tout de suite.

CUNÉGONDE.

Oh, non, c'est bien plus gentil comme ça.

RODERIC.

Comment la délivrer ? tâchons de corrompre la sentinelle, offrons-lui tout l'argent que je n'ai pas ; ça le tentera peut-être. Mon ami, voulez-vous me permettre de vous corròmpre ; mais que vois-je ? c'est Malinot, mon écuyer.

MALINOT.

Lui-même, mon cher maître.

RODERIC.

Par quel hasard.

MALINOT.

Ce n'est pas par hasard, c'est un fait exprès. Le desir d'être bon à quelque chose me suggère l'idée de m'engager dans les troupes de Sacripandos, je me présente, on me toise, on me reçoit, et je monte ma première garde à la porte de ce moulin, qu'on appelle la Forteresse de Moulinos.

RODERIC.

Tu te trouves là comme mars en carême, pour m'aider à délivrer Cunégonde.

MALINOT.

Rien de plus facile, si j'avais les clefs, car justement je suis seul ici, toute la garnison est au cabaret.

RODŒRIC.

Est-ce qu'on peut mettre garnison là-dedans?

MALINOT.

Ah! mon dieu, oui. On y tient trois hommes en se gênant un peu. Mais j'imagine un moyen bien ingénieux. Madame est-elle hardie?

CUNÉGONDE.

Comme un page.

MALINOT.

Nous allons faire parvenir à votre portée une des ailes de ce moulin; placez-vous y le plus commodément possible; tenez-vous bien, et nous vous tournerons jusqu'à terre le plus douillètement du monde. (*Cunégonde se place sur une aile de moulin. Malinot s'écrie.*) Ciel, j'entends du bruit. (*Tableau de terreur.*) Non, non, c'est une fausse alerte. (*Cunégonde arrive à terre, Roderic, son fils s'agenouillent. Tableau.*) Sauvons-nous donc, on peut nous surprendre, nous remercierons le ciel en courant.

RODERIC.

Non, non, c'est une habitude que j'ai prise, et à laquelle je ne manque jamais. (*Musique bruyante.*)

SCENE XXV.

LES PRÉCÉDENS, SACRIPANDOS, Gardes.

MALINOT.

Je vous l'avais bien dit, nous sommes perdus.

SACRIPANDOS.

Ah! traîtres! je vous tiens.

RODERIC.

Amis, vendons cher notre vie.

SACRIPANDOS.

Qu'on les saisisse.

SCENE XXVI.

LES PRÉCÉDENS, CHILDEBRAND Villageois *armés.*

(Pendant que les gardes de Sacripandos s'avancent et que Roderic et Malinot se mettent en defense.)

CHILDEBRAND, *arrive et s'écrie.*

Arrêtés, ou c'est fait de vous.

SACRIPANDOS.

Quoi ! l'Hermite me trahit !

CHILDEBRAND.

Reconnais le comte Childebrand ! ah ! tu ne t'attendais pas à celle-là.

SACRIPANDOS.

C'est vrai. Amis, punissons ces perfides. (*Il donne le signal du combat.*)

RODERIC.

Ecoute Sacripandos, tu vois que le local est trop petit pour faire battre tant de monde, ça ferait une confusion terrible; si tu as un peu de cœur, nous terminerons la bataille à nous deux.

SACRIPANDOS.

C'est un marché de dupe que je fais-là, puisque j'ai bien plus de monde plus que toi; mais n'importe j'y consens, je suis dans mon jour de sottises.

RODERIC.

Sur quel air veux tu te battre ? choisis.

SACRIPANDOS.

Ça m'est égal, je les sais tous, veux-tu la fricassée ?

RODERIC.

Je pourrais te refuser; mais en ennemi généreux, je t'accorde la fricassée. (*à l'orchestre*) Allez, nous y sommes. (*Combat terrible et comique après plusieurs reprises ; Sacripandos est blessé mortellement et va tomber dans la cou-*

tise.) Enfin, la bonne cause triomphe, nous avons tout gagné aussi vite que nous l'avons perdu.

MALINOT.

Ça fait la navette. (*Les paysans incendient le moulin.*)

SCENE XXVII ET DERNIERE.

LES PRÉCÉDENS, Troupes de Villageois.

UN VIEUX VILLAGEOIS.

Seigneur, permettez que les habitans de ce canton célèbrent votre triomphe par une petite fête qu'ils ont préparée d'avance, et dont cet incendie est l'échantillon.

RODERIC.

Ils avaient donc deviné que je serais vainqueur.

LE VILLAGEOIS.

Non pas; mais il n'y aurait eû rien de perdu, si vous eussiez succombé, la fête eut servi pour l'autre.

CHILDEBRAND.

Voilà ce qu'on appelle savoir se retourner; d'ailleurs, c'est joli, un incendie.

RODERIC.

La journée a été assez rude, pour que nous ayons besoin de repos, si vous le trouvez bon, nous ne danserons que demain.

TOUS.

Vive Cunégonde! (*la toile tombe à moitié.*)

RODERIC.

Un moment. Étourdi que je suis, j'oubliais la sentence bannalle de la fin. Mes amis, ceci vous prouve jusqu'à l'évidence, qu'il existe une providence, dont la puissance veille sur l'innocence.

FIN.

www.ingramcontent.com/pod-product-compliance
Ingram Content Group UK Ltd.
Pitfield, Milton Keynes, MK11 3LW, UK
UKHW020416220726
13923UKWH00004B/1978

9 782014 453720